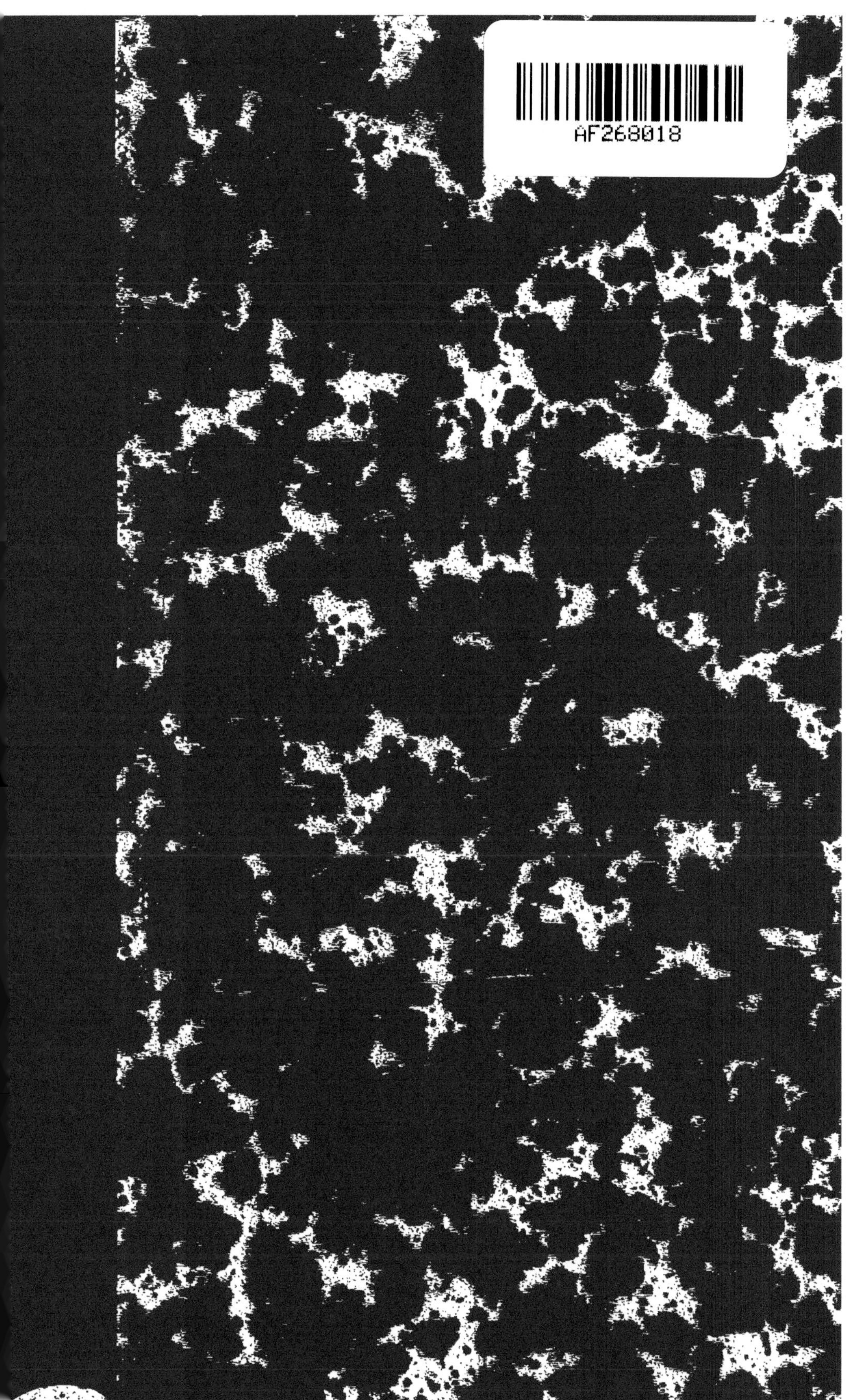
AF268018

LOUIS XVI,

RECEVANT

LE DUC D'ENGHIEN

AU SÉJOUR DES BIENHEUREUX.

DÉTAILS HISTORIQUES

SUR

LES DERNIERS MOMENS

DE MONSEIGNEUR

LE DUC D'ENGHIEN,

OU

Récit de ce qui s'est passé à Vincennes lors de la mort de ce Prince, pour servir d'introduction et de complément à la Gravure représentant LOUIS XVI *recevant* LE DUC D'ENGHIEN *au séjour des bienheureux, d'après le Tableau de M.* Roehn, *peintre de S. A. R. Monsieur, frère du Roi, exposé au salon de* 1814.

La Gravure et cette Notice se trouvent

A PARIS,

Chez J. J. BLAISE, Libraire de S. A. S. Madame la Duchesse Douairière d'Orléans, quai des Augustins, n°. 61. — A la Bible d'Or.

1816.

AVIS DE L'ÉDITEUR.

L e Prospectus de la gravure exécutée
d'après le tableau de M. Roehn, et représentant l'arrivée de S. A. S. Mgr. le
duc d'Enghien au séjour des bienheureux, a reçu généralement l'accueil le
plus favorable : de nombreuses souscriptions sont venues encourager cette entreprise ; elles ont été, pour moi, un
nouveau motif de redoubler d'efforts et
de zèle, afin d'en assurer le succès et de
justifier ainsi la confiance dont m'hono-
rait le public. Le léger retard qu'a éprouvé la livraison de cette gravure, qui devait paraître à la fin de juillet, ne doit
être attribué qu'au désir que j'avais de
la rendre, en tout point, digne de son
objet. Je n'ai, à cet égard, épargné ni
soins ni dépenses ; j'ose me flatter que
son exécution me méritera l'indulgence
des souscripteurs, en même temps qu'elle
offrira, aux connaisseurs en ce genre,

une production digne de leurs éloges.

Dans le nombre des personnes qui m'ont adressé leurs souscriptions, plusieurs ont témoigné le désir de connaître, au moins par de courtes notices, les événemens les plus remarquables de la vie des diverses victimes qui figurent dans cet intéressant tableau : ce qui paraissait le plus important, c'était de rappeler au souvenir du public les circonstances particulières qui se rattachent à la perte que la France a faite de tant d'illustres martyrs. J'avais, dans cette vue, formé le dessein de réunir, en un seul volume, une suite de notices détachées, sur chacun des personnages que l'artiste a groupés autour de son héros : je me proposais de faire paraître cet ouvrage, en même temps que la gravure, à laquelle il eût servi, en quelque sorte, d'explication. Des obstacles qu'il n'a pas dépendu de moi de surmonter, se sont opposés à l'exécution de ce projet : bien que j'eusse, à force de démarches et de peine, rassemblé une grande partie des matériaux nécessaires, je n'ai pas été assez heureux néanmoins, pour réussir également en ce qui concernait quelques-uns des personnages accessoires de cette vaste composition. Je n'attribuerai point à un sentiment d'indifférence, de la part des familles, mais seulement peut-être au défaut de temps, ou à tout autre motif qu'il ne m'appartient pas de pénétrer, le silence qu'ont gardé vis-à-vis de moi plusieurs de celles à qui je m'étais adressé, pour en obtenir les détails relatifs aux victimes qui leur appartiennent. Privé des renseignemens sur lesquels j'avais dû compter, je me suis vu dans l'impossibilité de compléter la collection des notices : dès-lors il m'a fallu renoncer à cet ouvrage qui aurait présenté des lacunes, et qui par conséquent n'eût pas répondu à l'attente de ceux à qui j'en avais fait espérer la publication.

Cependant l'annonce de cette gravure,

et l'occasion qu'elle a fait naître, de ramener l'attention générale sur le cruel événement de la mort de S. A. S. Mgr. le duc d'Enghein, ont donné lieu au récit que m'a fait, à ce sujet, une personne dont les sentimens et le caractère méritent, à tous égards, la plus juste confiance. Les détails qu'elle m'a communiqués m'ayant paru de nature à exciter un assez vif intérêt, je l'ai priée de les rédiger par écrit : c'est ce qu'elle a fait, dans la lettre que je publie aujourd'hui, et qui renferme les principales circonstances de cet événement, aussi triste que mémorable. Je me flatte que le public me saura gré d'avoir mis au jour des particularités intéressantes, dont plusieurs, jusqu'à ce moment, étaient restées inconnues ; et que, d'un autre côté, ceux de mes Souscripteurs, à qui j'avais fait part de mon premier dessein, trouveront une sorte de dédommagement dans la publication de cette notice, laquelle sert, pour ainsi dire, d'introduction à la gravure.

LETTRE

CONTENANT

QUELQUES NOUVEAUX DÉTAILS,

SUR LES CIRCONSTANCES

QUI ONT IMMÉDIATEMENT PRÉCÉDÉ LA MORT

DE S. A. S. MGR. LE DUC D'ENGHIEN.

Paris, le 1er. juillet 1816.

MONSIEUR,

Vous m'avez témoigné le désir de vous procurer par écrit les détails que je vous ai racontés de vive voix, et qui sont relatifs à l'affreux événement de la mort de S. A. S. monseigneur le duc d'Enghien (1) ; je défère à ce vœu avec d'autant plus d'empressement,

---

(1) *Louis-Antoine-Henry de Bourbon, duc d'Enghien*, né à Chantilly, le 2 août 1772, mort à Vincennes, le 21 mars 1804, âgé de 31 ans 7 mois. 19 jours.

que la publicité qui probablement sera donnée par vous à mon récit, contribuera, je l'espère, à jeter quelque jour sur les circonstances d'un attentat commis au milieu des plus épaisses ténèbres. Il était de l'intérêt de la tyrannie de l'envelopper d'un impénétrable mystère. C'est entre les murailles d'une prison d'état, c'est dans l'ombre de la nuit, que l'unique rejeton d'une illustre race a été en peu de temps jugé, condamné, et livré aux bras de ses bourreaux. Le lieu de la scène, la précipitation apportée au dénouement de cette sanglante tragédie, le petit nombre des hommes qui en furent spectateurs, et dont le témoignage, d'ailleurs, ne pourrait qu'être suspect, à cause du rôle plus ou moins important qu'ils y ont rempli; toutes ces considérations, monsieur, me paraissent donner un certain prix aux informations que j'ai recueillies, et que je vais consigner dans cette lettre.

Je vous déclare, au surplus, que j'ai toutes sortes de raisons de croire à la véracité de l'homme qui m'a communiqué ces détails. C'est une sorte de hasard qui l'a mis à portée de voir et d'entendre beaucoup de choses que le public a toujours ignorées. Quoique militaire, il ne s'est trouvé au château de Vincennes qu'à cause d'une circonstance particulière tout-à-fait indépendante de l'événement; il n'était chargé d'aucunes fonctions dans cette forteresse; il n'y a été appelé que pour rendre quelques services à la malheureuse victime, et ces services sont les derniers qu'elle ait reçus avant de quitter la terre. Mes conversations avec cet homme ont eu lieu à un intervalle de dix-huit mois seulement de la funeste catastrophe qui a privé la France de l'un de ses plus fermes appuis. J'ai fait, comme vous l'imaginez, des questions multipliées à mon historien ; je vous assure, monsieur, dans toute la sincérité de mon ame, qu'à en juger par le ton de ses réponses, par la simplicité de sa narration, par la douleur véritable dont il était pénétré, rien ne semble devoir faire douter de l'exactitude et de la fidélité de son rapport.

Voici les circonstances qui m'ont conduit à connaître les détails dont j'ai à vous faire part.

Dans le courant de l'été de 1806, me trouvant sans occupation, et la santé de ma femme exigeant qu'elle prît pendant quelque temps l'air de la campagne, je m'étais décidé à louer, pour la belle saison, un appartement dans le village de *Champigny, près Saint-Maur*. La maison dans laquelle nous logions appartenait à un chirurgien, le sieur *Contamine*, qui existe encore, et chez lequel j'eus occasion de rencontrer plusieurs fois un brigadier de gendarmerie, commandant la brigade en station dans le pays. Comme je l'ai dit plus haut, dix-huit mois seulement s'étaient écoulés depuis le funeste événement de la mort du duc d'Enghien : le voisinage où nous étions du théâtre de cet événement, les occasions assez fréquentes que j'avais d'en parler au retour des courses que je faisais à Paris, et qui m'obligeaient chaque fois de passer sous les murs du château de Vincennes ; enfin le désir que je témoignais de me procurer quelques notions sur les derniers momens de la vie de ce malheureux prince, amenèrent naturellement mon hôte à me confier que le brigadier dont il vient d'être question possédait à cet égard des renseignemens d'un assez grand intérêt. Son nom était *Aufort*. Le sieur Contamine, qui paraissait lié d'amitié avec lui, me le dépeignait comme un brave homme, doué de sentimens au-dessus de son état. Je n'hésitai pas à le prier de me ménager une conférence de laquelle j'attendais des éclaircissemens tout-à-fait précieux ; il se rendit à mes désirs, et après en avoir prévenu le brigadier, il me fit appeler, un soir que celui-ci était venu chez lui : nous eûmes, à huis clos, une conversation dont les détails sont restés gravés dans ma mémoire. Je vais, monsieur, vous les retracer avec toute la fidélité que vous avez droit d'attendre de moi. Pour plus de clarté, je placerai ce récit dans la bouche même de celui qui me l'a fait.

« Il y a deux ans, dit le sieur Aufort,
« avant qu'on m'eût placé à la résidence de
« Champigny, où je suis maintenant, je
« commandais la brigade stationnée dans le
« village de Vincennes ; j'allais souvent au
« château, parce que je connaissais, d'an-
« cienne date, le sieur Harel, qui en était
« commandant : il avait été sergent aux
« Gardes-françaises ; j'avais servi en même
« temps que lui dans ce régiment : depuis
« lors il était parvenu au grade de chef de
« bataillon. Après avoir été long-temps sé-
« parés, le hasard, qui nous fit retrouver
« ensemble dans le même pays, me donna

« lieu de renouer avec lui une sorte de liai-
« son , autant du moins que le comportait
« la différence de nos grades. Ma position
« dans le village de Vincennes, et à portée
« du château , le mettait souvent dans le
« cas de me demander quelques services ;
« je me faisais , autant qu'il dépendait de
« moi , un plaisir de les lui rendre.

« Un matin (c'était le mercredi 21 mars
« 1804) (1), Harel me fait dire qu'il a quel-

———————————

(2) L'expédition d'Ettenheim, c'est-à-dire, l'enlè-
vement de Mgr. le duc d'Enghein, sur un territoire
étranger, par surprise et au mépris du droit des
gens, eut lieu le 15 mars 1804 (24 ventôse an 12 ,
style révolutionnaire). *Caulaincourt* , dont le nom
doit être à jamais flétri , par le rôle odieux dont il
se chargea dans cette circonstance, venait d'arriver à
Strasbourg, muni des ordres de Buonaparte. Un général, nommé *Fririon* , eut le commandement de l'expédition ; il était accompagné d'un autre officier su-
périeur, le sieur *Ordener,* commandant les grenadiers
à cheval de la garde des consuls. (Honorable mission
pour des généraux français , que celle de se rendre les
exécuteurs d'un guet-à-pens, et d'aller, à la tête d'une
petite armée, surprendre au milieu de la nuit, un
homme sans défense, qui dort sur la foi des trai-
tés !....)

Les troupes passèrent le Rhin , dans la nuit du 14

« que chose d'important à me communiquer ;
« il m'engage à venir le trouver sur-le-champ.
« Je m'empresse de me rendre auprès de lui ;
« je le trouve préoccupé. — Vous me voyez,
« dit-il, dans un grand embarras : cette lettre
« que je viens de recevoir du gouverneur de
« Paris (Murat), m'annonce que très-inces-
« samment un prisonnier de la plus haute dis-
« tinction doit être envoyé au château de
« Vincennes ; que j'aye à le recevoir d'une
« manière convenable à son rang. Comment
« faire ? Il n'y a dans tout le château aucun
« appartement prêt et meublé, comme l'exi-

---

au 15, près de *Rhinau ;* à la pointe du jour, Ettenheim fut enveloppé. M. le duc, surpris dans son lit,
fut obligé de se rendre à un officier de gendarmerie :
on l'amena sur-le-champ à Strasbourg, sous une forte
escorte de gendarmes et de cavaliers, suivis à peu de
distance par de l'infanterie. Enfermé dans la citadelle,
il y fut retenu l'espace de trois à quatre jours, pendant lesquels le digne agent de Buonaparte attendit
probablement de son maître, des instructions ulté-
rieures ; c'est après ce terme, que l'ordre arriva de
transférer, en toute diligence, le prince à Paris : ce
voyage se fit avec une extrême rapidité, et sans que
l'on permît au prisonnier de s'arrêter un seul instant.

« gerait la circonstance : les réparations du
« donjon ne sont pas terminées.... Je ne vois
« d'autre parti à prendre , que de céder pro-
« visoirement au prisonnier le logement où
« je suis; j'aviserai ensuite à d'autres dispo-
« sitions. Pour ce qui concerne la nourriture,
« j'aurai recours à votre complaisance; vous
« pourrez m'aider , en vous chargeant , sui-
« vant ce que je vous dirai, de commander,
« à l'avance, chaque repas, chez le traiteur
« le plus voisin du château. Retournez à vo-
« tre logement; ne vous en éloignez pas : dès
« qu'il y aura quelque chose de nouveau ,
« j'aurai soin de vous faire avertir. — Je pro-
« mis au sieur Harel d'exécuter, avec toute
« la diligence qui serait en mon pouvoir, les
« commissions qu'il jugerait à propos de me
« donner.

« Dans la soirée du même jour, Harel me
« fait rappeler auprès de lui; j'y cours, et
« comme j'allais entrer dans son appartement,
« lui-même vient au-devant de moi. — Le
« prisonnier est arrivé, me dit-il; j'ignore le
« nom et la qualité de ce personnage, mais
« à sa figure et à son air distingué, ce doit
« être un homme d'importance : vous allez
« en juger par vous même. — En effet, in-

« troduit dans la chambre, j'y trouve un jeune
« homme d'une trentaine d'années, dont l'ex-
« térieur justifiait parfaitement ce qu'on ve-
« nait de m'en dire : il était pâle, et parais-
« sait très-fatigué. — Monsieur a sans doute
« besoin de prendre quelque chose, lui dit
« Harel; nous voici à ses ordres. — Je suis
« loin de refuser vos offres, répond le prison-
« nier, du ton le plus honnête et le plus af-
« fable : on m'a fait venir, sans m'arrêter,
« de Strasbourg jusqu'ici; je n'ai pu prendre
« que bien peu de chose, depuis mon départ
« de cette ville; je ne vous dissimule pas
« qu'en ce moment j'éprouve un extrême be-
« soin... — Mon Dieu, m'écriai-je! monsieur
« doit être exténué : malheureusement à cette
« heure les auberges du pays offriront peu de
« ressources. — Je ne suis pas difficile, ajoute
« le prisonnier; le plus petit ordinaire me
« suffira : tout ce que je demande, c'est qu'il
« ne se fasse pas trop attendre. — Vous pen-
« séz, continue le brigadier, combien je me
« hâtai d'aller au traiteur le plus proche; au-
« tant que je puis m'en souvenir, il était déjà
« six heures du soir. Ce traiteur avait eu à
« dîner un assez grand nombre de personnes;
« ses provisions étaient épuisées: forcé de me

« contenter d'un très-modique ordinaire (*),
« je m'empresse de le faire dresser, et, dès
« qu'il est prêt, je le porte moi-même au
« château. En rentrant, je cherche à me jus-
« tifier de la mauvaise réussite de ma commis-
« sion : le prisonnier reçoit mes excuses avec
« une extrême bonté; il m'assure qu'il est
« content; que c'est tout ce qu'il lui faut, et
« qu'il me sait gré du zèle que j'ai mis à lui
« rendre ce service. La table était prête, nous
« le servons : au moment de mettre la main
« au vase où était le potage, il se retourne
« vers Harel qui se tenait en arrière, à quel-
« que distance, en lui adressant la parole avec
« une grâce et un air de noblesse que je ne
« saurais définir : — Monsieur, lui dit-il, j'ai
« une grâce à vous demander; j'espère que
« vous n'y trouverez pas d'indiscrétion : j'ai
« avec moi un compagnon de voyage; c'est
« le petit chien que vous voyez là; il est le seul
« ami dont on ne m'ait pas séparé : le pauvre
« animal a fait avec moi toute la route; il a
« partagé mes privations; il est comme moi,
« à peu près à jeun depuis Strasbourg……

(*) *Un potage au vermichel* et *un fricandeau.*

« Voulez-vous bien me permettre de lui té-
« moigner, de mon mieux, ma reconnais-
« sance, en partageant avec lui ce léger re-
« pas? — Harel lui répond qu'il est le maître
« de disposer, comme bon lui semble, de ce
« qui se trouve devant lui. — Pour moi,
« continue Aufort, je n'en éprouvais que plus
« de regrets, d'avoir apporté si peu de chose ;
« intérieurement je me promettais bien de
« m'arranger de manière à procurer le len-
« demain au prisonnier un meilleur repas.
« (Hélas ! j'étais loin de m'attendre que ce-
« lui-là dût être pour lui le dernier....) Il
« avait versé sur une assiette la moitié du po-
« tage ; il l'offre au petit chien qui s'en ac-
« commode parfaitement ; ensuite il fait la
« même chose pour l'autre mets qui est accep-
« té avec autant de plaisir. — Ce léger repas
« était à peine fini, qu'on entend dans la cour
« du château le bruit de plusieurs équipages
« qui arrivent à la suite les uns des autres :
« bientôt après on fait avertir le sieur Harel ;
« on lui annonce qu'une commission mili-
« taire va s'assembler ; il est invité à faire pré-
« parer, sans délai, la salle du conseil : les
« membres de la commission s'y rassem-

« blent (1) ; leur président, le sieur *Hullin*,
« donne l'ordre d'amener sur-le-champ le
« prisonnier.....

« Jusqu'alors, dit Aufort, je n'avais éprou-
« vé, pour cet infortuné jeune homme, d'autre
« sentiment que celui de la pitié qu'inspirait
« naturellement l'idée de la détention plus
« ou moins longue à laquelle je l'avais cru
« condamné. Jugez de mon effroi, lorsque
« tout à coup il devient clair à mes yeux
« qu'une mesure aussi prompte, aussi sou-

----

(1) Les journaux ont fait connaître, dans le temps,
les noms des militaires qui composaient cette *commission spéciale*, nommée par Murat, d'après l'ordre
de Buonaparte ; ils étaient au nombre de neuf, dont
cinq colonels : leur président était le sieur *Hullin*,
alors simple général de brigade, bien récompensé
depuis de ce signalé service, par toutes les grâces
dont le combla son digne maître. Je ne citerai, des
autres noms, que celui du sieur *Rabbe*, colonel du
deuxième régiment de la garde de Paris, impliqué,
en 1812, dans la conspiration de *Mallet*. Par une ab-
surdité qui, dans toute autre circonstance, ne pourrait qu'exciter le rire, le dispositif du jugement porte,
que ces *messieurs* n'étaient *ni parens, ni alliés*, entre eux, *ni du prévenu, au degré prohibé par la loi.*

« daine, ne peut guère avoir d'autre but
« que celui de prononcer sur sa vie. Le
« mystère qui jusqu'à ce moment avait en-
« veloppé son nom (Harel, soit qu'il l'igno-
« rât, soit qu'il eût jugé à propos de le taire,
« ne m'avait fait encore à cet égard aucune
« confidence), ce mystère, dis-je, ne tarda
« point à s'éclaircir. Il venait d'être conduit
« dans la salle du conseil. Le commandant
« se retire après l'avoir mis en présence du
« tribunal; mais il a soin de se placer de
« manière à entendre l'interrogatoire.......
« Quelle est ma surprise, lorsqu'au bout de
« quelques instans, et probablement d'après
« la réponse aux premières questions adres-
« sées par les juges, Harel vient m'apprendre
« que le prisonnier n'est pas autre que *mon-*
« *seigneur le duc d'Enghien* lui-même !....
« Dans le temps où je servais aux Gardes-
« françaises, ajoute Aufort, j'avais eu plus
« d'une fois l'occasion de voir ce prince à
« Versailles ou à Fontainebleau ; mais il
« était bien jeune alors, et ses traits, légè-
« rement empreints dans ma mémoire, ne
« s'étaient pas retracés à mes yeux au mo-
« ment où je me trouvai en sa présence
« dans le château de Vincennes. Ce terrible

2

« éclaircissement me fit éprouver la sensa-
« tion la plus douloureuse ; j'acquérais à la
« fois la connaissance de l'individu , et la
« presque certitude du sort affreux qui lui
« était réservé.

« En effet l'interrogatoire fut prompte-
« ment terminé ; ce n'était qu'une affaire de
« forme ; les juges étaient venus avec un
« arrêt dicté à l'avance. On peut voir, dans
« les papiers publics, le détail des questions
« qui furent adressées à l'infortuné duc ;
« mais ce qu'on s'est gardé d'y consigner,
« ce sont les réponses inspirées au prince
« par la juste indignation dont il était péné-
« tré. Harel, qui écoutait avec attention,
« m'a dit plusieurs fois qu'il avait parlé avec
« une force, une dignité qui, dans toute
« autre circonstance, auraient confondu ses
« accusateurs. Mais les hommes devant les-
« quels ils se trouvait traduit n'étaient pas
« des juges, ils n'étaient que les instrumens
« du pouvoir qui les faisait agir. Dans la
« position où le malheureux duc se trou-
« vait placé, sans soutien, sans défenseurs,
« ne pouvant pas même en appeler à l'opi-
« nion d'un auditoire, puisque d'épaisses
« murailles le séparaient du reste du monde,

« il se voyait réduit à articuler des motifs, à
« la vérité d'une grande force, mais nulle-
« ment de nature à faire révoquer ni même
« suspendre la sentence déjà prononcée
« contre lui. Toutefois, l'unique témoin
« d'une scène aussi cruelle (quelle que fût
« d'ailleurs sa manière de voir), n'a pu
« s'empêcher de convenir que la noble
« contenance du prince, comparée à l'atti-
« tude fausse et embarrassée des délégués
« de Buonaparte, mettait entre lui et ces
« hommes une distance infinie, et que, pen-
« dant toute la durée de cette séance, il ne
« cessa de conserver sur eux une immense
« supériorité.

« Enfin les questions sont épuisées; on
« rappelle Harel; on lui donne l'ordre d'em-
« mener le duc dans une pièce voisine; ces
« messieurs annoncent qu'ils vont aller aux
« opinions..... (1).

---

(1) Formalité vaine et dérisoire ! Qui ne sait, encore une fois, que l'arrêt était porté, du moment où
l'on avait donné l'ordre d'arrêter, sur une terre étran-
gère, cette innocente victime, destinée à sceller, de
son sang, le pacte nouvellement juré entre l'usurpateur et les assassins de l'infortuné Louis XVI?

« Après un certain intervalle, le comman-
« dant est appelé derechef ; on lui annonce
« la condamnation du prisonnier ; il reçoit
« l'ordre de le faire descendre, quand il en
« sera temps, dans les fossés du château.

« Harel retourne vers le prisonnier. Il
« s'abstient de toute espèce d'éclaircisse-
« ment ; mais l'extrême pâleur de son visage
« dut annoncer au prince la terrible mission
« dont on venait de le charger.

« Un espace de temps assez long s'écoule
« encore, après lequel l'ordre définitif est
« donné au commandant, par le président de
« la commission (1). D'une voix faible et

______

(1) Il paraît qu'entre l'interrogatoire et ce cruel
dénouement, il y eut un intervalle de trois heures
environ, pendant lesquelles le prince resta constam-
ment dans la pièce où on l'avait conduit en sortant
de la salle du conseil. On voulut différer l'assassinat
jusqu'au milieu de la nuit, afin qu'aucun habitant du
pays n'en fût témoin, et l'on poussa la précaution,
jusqu'à choisir l'emplacement le plus éloigné du village de Vincennes, c'est-à-dire, le fossé situé au pied
de la porte, du côté du parc : c'était de là, en effet,
qu'on pouvait le moins entendre l'explosion des armes à feu. — Le malheureux duc profita de ce délai
pour prendre quelque repos : quoiqu'il ignorât encore

« mal assurée, Harel invite le prisonnier à
« le suivre ; un flambeau à la main, il s'a-
« vance vers l'escalier étroit et tortueux par
« lequel ils doivent descendre. — Où me
« conduisez-vous ? dit le duc. — Monsieur,
« veuillez me suivre, et rappelez tout votre
« courage. — Ils s'acheminent, et dans cet
« obscur et horrible trajet, tandis que Harel
« éclairait les pas du prince, celui-ci, de
« temps à autre, répétait la même question :
« — Où me conduisez-vous ? — Une fois il
« ajouta : — Si c'est pour m'enterrer vivant
« dans un cachot, j'aime mieux qu'on me
« conduise à la mort sur-le-champ. — Son
« guide, ému comme il devait l'être, ne ré-
« pondait toujours que par les mêmes pa-
« roles : — Monsieur, ayez courage. — En-
« fin les voilà parvenus au pied de l'escalier.
« En entrant dans le fossé, ils aperçoivent
« devant eux une compagnie de gendarme-

---

la sentence, il ne pouvait se dissimuler néanmoins
le péril imminent de sa situation ; mais son extrême
fatigue, et surtout le calme de sa belle ame lui pro-
curèrent un profond assoupissement ; il dormit, *du
sommeil du juste*, sur le bord de ce précipice où il
se voyait prêt à être englouti....

« rie d'élite rangée en bataille, et plus haut,
« en arrière du parapet qui donne sur ce
« fossé, un groupe d'officiers supérieurs,
« destinés apparemment à servir de témoins
« à l'exécution.

« Les gendarmes (s'il faut en croire Ha-
« rel) étaient entrés dans l'enceinte exté-
« rieure du château sans qu'on l'en eût
« prévenu ; c'était, dans ce cas, une in-
« fraction à l'usage pratiqué dans tous les
« temps, ainsi qu'aux dispositions des or-
« donnances sur le service des places. Sui-
« vant ce qu'il ajoutait, il fallait même que
« les soldats fussent descendus directement
« du dehors, et qu'on leur eût fait franchir
« le parapet du fossé (1). — Pour dernier

---

(1) Depuis le moment où j'ai écrit cette notice, je
suis allé visiter les lieux, et je me suis assuré, par
leur inspection, de la vérité du récit que m'avait fait
le sieur Aufort. La tour, au pied de laquelle a été fu-
sillé le duc, est la première à droite de la porte d'en-
trée, du côté du parc : il y avait, à cette époque, sur
la gauche du pont-levis et à peu de distance, un petit
escalier par lequel on pouvait descendre du dehors
dans le fossé : c'est par là sans doute que furent in-
troduits les gendarmes. On a supprimé cet escalier,
lorsqu'on a voulu mettre le château dans l'état de défense où il est aujourd'hui.

« trait à cette scène affreuse, et pour com-
« pléter l'ensemble des circonstances qui lui
« donnent tous les caractères d'un assassinat
« prémédité, ajoutez que, long-temps avant
« l'arrivée du prince sur le terrein, on s'é-
« tait occupé de creuser une fosse au pied
« de la tour la plus rapprochée du lieu de
« l'exécution.

« A la vue de cette troupe et du spectacle
« qui tout à coup se présente à ses regards,
« le prince, loin d'être effrayé, semble re-
« prendre de nouvelles forces : son courage
« se ranime; il avait cru descendre au fond
« d'un noir et humide cachot; maintenant
« plus d'incertitude; il va succomber, mais
« aussi ce sera le terme de ses malheurs. Il
« s'avance, d'un pas ferme et assuré; sa dé-
« marche, noble et majestueuse, ne peut
« qu'en imposer à tous les spectateurs de cette
« dernière scène. Un officier se présente de-
« vant lui; il tient en main la sentence de la
« commission militaire; il en fait lecture au
« prisonnier, qui l'écoute sans témoigner au-
« cune émotion. Après que la lecture est ter-
« minée, celui-ci, la tête haute, et d'un air
« plein de bravoure et de dignité, se tourne
« vers la troupe. — Messieurs, dit-il d'une

« voix assurée, j'ai à demander un service
« important pour moi, mais peu difficile à
« remplir par la personne qui s'en chargera :
« y a-t-il parmi vous, quelque *homme d'hon-*
« *neur* qui veuille s'engager à me rendre ce
« *dernier service ?* — Les hommes à qui ce
« discours est adressé se regardent ; ils sem-
« blent consulter entre eux : enfin l'un d'eux
« s'approche du prince, en faisant de grands
« gestes, et en mettant la main sur son cœur,
« comme pour assurer qu'on peut compter
« sur sa parole (1). Monseigneur le duc lui
« parle tout bas, et de si près que personne

- - -

(1) Dans le nombre des personnes à qui j'ai fait
part de cette relation, il en est une (que je m'abs-
tiens de nommer, mais dont le témoignage est, à mes
yeux, on ne peut plus respectable), qui a contredit
un peu cette partie de la déposition du sieur Aufort.
D'après d'autres renseignemens qu'elle a recueillis sur
les lieux, cette personne m'a dit être fondée à croire
qu'aucun des hommes présens ne parut vouloir se
charger de la commission de Mgr. le duc, et que même
on ne lui procura point de ciseaux ; qu'à la vérité il
arracha une mèche de ses cheveux, et qu'il y joignit
un médaillon qui était suspendu à une chaîne restée
à son cou ; mais que, sur le refus qu'on lui fit de recevoir ces objets, il ne put que les jeter par terre, en

« ne peut l'entendre ; bientôt après l'officier
« se retourne, et s'adressant à la troupe : —
« Gendarmes, dit-il, quelqu'un parmi vous
« a-t-il une paire de ciseaux ? — Ces derniers
« mots se répètent de rang en rang, le long
« du peloton. L'un des hommes présens avait
« sur lui ce qu'on demandait : les ciseaux
« passent de main en main ; le prince les re-
« çoit, et s'en sert immédiatement pour cou-

---

y joignant sa montre qu'il offrit, pour récompense,
à celui qui exécuterait ses dernières volontés.

Comme je viens de le dire, l'assertion de la personne dont il s'agit mérite beaucoup de considération ;
mais d'un autre côté, les éclaircissemens qu'elle s'est
procurés lui étant parvenus beaucoup plus tard que
ceux qui m'ont été donnés par le sieur Aufort ; et ce
dernier m'ayant raconté le fait, en le détaillant avec
les circonstances les plus minutieuses, j'ai dû le rapporter littéralement, tel qu'il me l'avait dit, et sans
y rien changer. Au surplus ce fait, en lui-même, n'a
d'importance, qu'à cause de l'intérêt qu'inspirent les
derniers momens d'un prince si digne de regrets : il
est resté d'ailleurs tant de vague et d'incertitude, sur
les acteurs et les témoins de cette scène, qu'on ne
voit pas trop le motif d'après lequel ceux qui ont rapporté l'une et l'autre version auraient été induits à
dénaturer les faits et à en altérer la vérité.

« per une mèche de ses cheveux ; il détache
« ensuite, soit une bague, soit tout autre bi-
« jou que l'obscurité ne permet pas de dis-
« tinguer : il enferme ces deux objets dans
« un papier qu'il remet à l'officier, en lui
« adressant encore quelques mots : celui-ci
« paraît faire de nouvelles protestations, et
« va rejoindre ses camarades.

« Dans ce moment, l'infortuné duc cher-
« che en vain autour de lui, un prêtre qui, à
« sa dernière heure, puisse lui offrir les se-
« cours de la religion ; cette consolation qu'on
« accorde aux plus grands criminels, lui est
« impitoyablement refusée ; il élève ses yeux
« vers le ciel : nul doute qu'en cet instant fa-
« tal, la prière courte, mais fervente, que,
« du fond de l'ame il adressa au souverain
« maître de toutes choses, ne lui ait mérité
« des grâces toutes particulières... Sans don-
« ner la moindre marque de faiblesse il fait
« encore quelque pas, et se place lui-même
« à la distance convenable : on veut lui ban-
« der les yeux, il s'y refuse, en disant que
« plus d'une fois il a vu la mort d'aussi près,
« sans en être intimidé : le signal est donné ;
« il tombe, et à l'instant même on le jette,
« tout habillé, dans la fosse qui avait été creu-

« sée à l'avance, et qu'on s'empresse de com-
« bler.... »

Tels sont, monsieur, les faits qui m'ont été
racontés par le sieur Aufort, il y a près de
dix ans : je n'ai cru devoir me permettre d'y
ajouter, ni d'en retrancher la plus légère circonstance. C'est d'après ce motif que, dans la
seconde partie (celle qui est relative aux
derniers momens de monseigneur le duc),
je me suis borné à rapporter fidèlement la
version de mon historien. Je n'ai point parlé
de la lanterne qui, suivant plusieurs notices
déjà publiées, fut suspendue devant la poi-
trine du prince, pour servir de but à la décharge des gendarmes. Je n'ai rien dit non
plus de ces deux énormes pierres qui furent
jetées dans la fosse, et qu'on y a retrou-
vées lors de l'exhumation du corps de ce gé-
néreux martyr (1) Mon auteur n'avait pas fait

---

(1) Un autre fait rapporté par beaucoup de personnes, c'est que *Murat,* lui-même, fut témoin de
l'exécution, apparemment pour s'assurer, par ses pro-
pres yeux, de la consommation du crime, et afin de
pouvoir, sur-le-champ, en rendre un compte fidèle à
son maître. Le récit d'Aufort confirme d'autant mieux
cette circonstance, que, suivant ce qu'il me dit, il y
avait au-dessus du fossé, dans le moment où le prince

mention de ces particularités, je suis même porté à croire qu'il les ignorait. En effet, je n'ai nulle raison d'imaginer qu'il ait été lui-même témoin oculaire de l'exécution ; comme il n'était pas attaché au service du château, aucun motif ne lui donnait lieu d'y assister : mais les circonstances de la mort du prince

---

y descendit, plusieurs officiers revêtus d'uniformes *éclatans de dorures* : tout porte à croire que c'était Murat et quelques autres généraux : on se rappelle d'ailleurs à quel point ce misérable soutint et encouragea le projet conçu par son digne beau-frère ; de toute la famille, il fut, je crois, le seul approbateur d'une aussi horrible mesure ; c'est une justice à rendre à la plupart des autres, que, loin d'y applaudir, ils firent, au contraire, tout ce qui dépendait d'eux, pour sauver la victime. On cite, à ce sujet, un mot de Buonaparte, qui me paraît un trait caractéristique : sa mère le conjurait de ne pas se porter à une pareille extrêmité ; elle employait tous ses efforts pour le détourner de cette affreuse résolution : après avoir échoué dans ses supplications réitérées, elle veut, un instant, prendre envers lui, le ton d'une mère ; elle lui rappelle sa qualité, ses droits, et la déférence qu'il doit avoir pour ses avis : — « *Je n'ai point de parens,* « s'écrie le monstre ; *je me suis fait tout seul.* » Je tiens cette anecdote d'une personne qui était alors attachée à *Lucien*, et qui m'a certifié la lui avoir entendu raconter.

lui auront été racontées par le sieur Harel ; et, soit que ce dernier eût jugé à propos de taire quelque chose, soit que peut-être il se fût déjà retiré au moment où le peloton fit sa décharge, toujours est il que les détails dont je viens de rendre compte sont les seuls qui m'aient été communiqués, et dont je puisse, sous ce rapport, certifier l'exactitude.

J'ajouterai seulement que le sieur Aufort (ainsi que je l'ai dit au commencement de cette notice), paroissait vivement ému en me faisant son récit : plus d'une fois j'eus occasion de remarquer que des larmes roulaient dans ses yeux. Il termina en m'assurant que l'événement de la mort de monseigneur le duc d'Enghien l'avait frappé à tel point, que, dans toute sa vie, il ne croyait pas avoir éprouvé une sensation aussi terrible : il en fut malade, dit-il, pendant plus de huit jours ; sans cesse il avait devant les yeux la figure et les traits de ce malheureux prince. Suivant ce qu'il dit encore, le sieur Harel parut aussi en être affecté : ce dernier garda le petit chien, et ne voulut le céder à personne.

Le souvenir fidèle qui m'est resté de tous ces détails, doit être attribué à deux motifs : d'abord, le récit du sieur Aufort avait fait

sur mon esprit une vive impression : en se-
cond lieu, quoique, dans l'intervalle de ces
dix années, je n'eusse pas songé à le consigner par écrit, j'en avais néanmoins redit
très-souvent les circonstances, non-seule-
ment à mes amis, mais encore à beaucoup
d'autres personnes, lorsqu'il m'arrivait de
rencontrer des gens à peu près de mon opinion, et que la conversation, entre eux et
moi, venait à tomber sur ce cruel événement.
— Aujourd'hui, monsieur, que d'après votre
invitation, je me suis décidé à rédiger cette
notice, il eût été à désirer qu'afin de la rendre encore plus intéressante, j'eusse pu con-
verser de nouveau avec celui qui m'en a fourni
la matière, et que je n'ai pas eu occasion de
revoir depuis l'année 1806. Malheureusement
il n'existe plus ; dès les premiers momens de
la restauration (au mois d'avril 1814), je
m'étais empressé d'écrire au sieur Contamine,
pour en demander des nouvelles ; j'ai appris,
par la réponse de ce chirurgien, que le sieur
Aufort était mort depuis quelque temps : vers
la fin de 1811, il a succombé à une assez longue maladie, dans cette même résidence de
Champigny, qu'il n'avait pas quittée depuis
le moment où je l'y avais rencontré. — Des

informations plus récentes m'ayant fait connaître qu'il avait laissé une femme et des enfans, je n'ai rien négligé pour découvrir la
demeure de cette veuve ; j'avais à cœur de la
voir et de lui parler, afin d'obtenir d'elle,
sinon de nouveaux détails, au moins la con-
firmation de ceux que m'avait autrefois donnés son mari. Après beaucoup de recherches,
je suis parvenu à la rencontrer : la conversation qui tout récemment a eu lieu entre nous,
et les réponses de cette femme aux nombreuses questions que je lui ai adressées, ont plei-
nement confirmé la bonne opinion que j'avais
conçue du caractère du sieur Aufort, ainsi
que l'exactitude du récit que ce dernier m'a-
vait fait.

C'était, au surplus, une présomption
favorable pour mon auteur, que la situation où se trouvait la France au moment
où il me parlait, c'est-à-dire en 1806 :
aux yeux de la multitude, comme à ceux
de presque tous les hommes intéressés plus
ou moins dans l'affaire de la révolution,
l'autorité de Buonaparte semblait alors plus
que jamais affermie (1) : d'un autre côté, s'il

____

(1) Il y eut, dit-on, quelques révolutionnaires qui
désapprouvèrent cet acte, non qu'ils le considérassent

est vrai que, dans aucun temps, les fidèles
serviteurs du roi n'aient dû désespérer du

---

sous son vrai point de vue, c'est-à-dire, comme une
lâche cruauté, mais seulement parce qu'il leur paraissait *impolitique*. On attribue, à ce sujet, au ci-de-
vant conseiller d'Etat, *Boulay de la Meurthe*, un mot
assez remarquable ; je le rapporte ici, sans en garan-
tir l'authenticité : « On a tort, disait-il, d'appeler du
« nom de *crime* l'événement de la mort du duc d'En-
« ghien ; c'est quelque chose de pire, c'est *une*
« *faute*. »

Jusqu'alors, en effet, beaucoup d'honnêtes royalis-
tes s'étaient flattés de l'espoir que Buonaparte, cal-
culant à la fois, son intérêt et le nôtre, imiterait
l'exemple de *Monck* ; qu'il se servirait de son ascen-
dant sur la multitude, pour relever le trône et y re-
placer le roi légitime : dans plusieurs circonstances,
il avait semblé, par sa conduite et par ses discours,
justifier une pareille idée ; c'était en donnant ainsi le
change sur ses intentions véritables, qu'il avait réussi
à capter un grand nombre de suffrages, dans les clas-
ses les plus respectables de la société.... Une fois
l'assassinat consommé, personne désormais ne put se
méprendre sur le but de son extravagante ambition ;
tous les yeux se dessillèrent : on peut dire que, d'un
seul coup, il s'aliéna irrévocablement tout ce qui res-
tait en France d'hommes honnêtes et de cœurs non
corrompus.

A partir de cette époque, il ne fut plus soutenu

triomphe de la bonne cause, on peut dire toutefois qu'à cette même époque, bien peu

---

que par le rebut de la nation, par les anciens suppôts du régime de 1793 : — Ce fut-là véritablement son appui le plus constant et le plus durable. Pour l'armée, qu'il avait séduite par l'appât de la gloire et des conquêtes, s'il est vrai qu'elle servit ses projets, et qu'elle concourut fortement à son élévation, on ne peut nier du moins que, loin de ménager un instrument aussi utile, il n'ait semblé se faire un jeu de le briser entre ses mains, et d'en disperser au loin les débris.

Je ne crois pas devoir compter, au nombre des auxiliaires de Napoléon, certaine classe d'hommes toujours prêts à encenser le pouvoir, dans quelques mains qu'il se trouve ; vrais caméléons qui, suivant les variations de leur atmosphère, savent, à tout moment, changer d'habits et de langage : il les méprisait trop, pour attacher le moindre prix à leurs applaudissemens ; il savait bien que les gouvernemens, même les mieux établis, ne peuvent faire aucun fond sur ces caractères versatiles dont l'opinion ne se règle que sur l'avantage du moment, et qui pèsent tout à la balance de leur intérêt particulier. Ce sont pourtant ces esprits superficiels, ces politiques à courte vue, qui, pendant long-temps, étourdirent l'usurpateur de leurs bravos multipliés, qui, partout et à toutes les époques, se déclarèrent ses panégyristes, et qui s'obstinaient à ne voir, dans les actes les plus

de personnes (parmi celles au moins qui avaient assisté à la sanglante catastrophe du

---

extravagans de son administration , que les vues profondes d'un grand homme , et les hautes conceptions du génie. C'est par de tels déraisonneurs , qu'à la honte de l'esprit humain , nous avons vu agiter la question de savoir si l'assassinat du dernier rejeton de la branche des Condés n'avait pas été , pour Buonaparte , une mesure indispensable à l'affermissement de son pouvoir : réduits à l'impuissance d'excuser un pareil crime , ils tâchaient au moins d'affaiblir un peu son horrible couleur : ils auraient voulu faire croire que l'intérêt , je ne dis pas de la France , (personne , que je sache , n'a établi une aussi absurde maxime) , mais de l'homme qui tenait en main les rênes du gouvernement , avait , jusqu'à un certain point , exigé l'emploi d'un moyen aussi cruel ; c'était , à leur avis , un malheur nécessaire , justifié par *la raison d'Etat*..... L'événement a fait voir toute la sottise d'un pareil raisonnement ; Boulay de la Meurthe avait jugé mieux : de toutes les *fautes* de Buonaparte , son entreprise sacrilége sur la personne de M. le duc d'Enghien , est peut-être celle qui devait le mieux faire présager sa chute....

Ombre généreuse! pardonne ces réflexions à l'un des hommes que le malheur de ta perte a le plus douloureusement affectés ! Sans doute, quelque pesant qu'ait été , pour nous , le joug d'une aussi monstrueuse tyrannie , c'est avoir acheté trop cher notre

10 août 1792), osaient se flatter de vivre encore assez de temps pour voir la justice divine donner au monde un grand et salutaire exemple, en précipitant l'usurpateur du faîte de puissance auquel il s'était élevé, et en rétablissant, après tant de malheurs et de crimes, nos bien-aimés souverains sur le trône de leurs pères.

Je suis, etc.

C. H. DD.

---

affranchissement, que de l'avoir payé au prix de ton sang inestimable ; mais aux regrets que causera toujours, parmi nous, le souvenir de ta mort prématurée, se joindront, en même temps, des sentimens d'amour et de reconnaissance, pour les résultats utiles, bien que tardifs, qu'elle a procurés à ton pays. Si l'attentat du 21 janvier 1793, a eu ce triste avantage, qu'il ait servi à faire détester la révolution et ses coupables auteurs, le meurtre commis sous les murs de Vincennes dévoue également à l'exécration de la postérité le continuateur de cette révolution impie : sa mémoire, souillée par un crime que n'auraient pu effacer les exploits militaires, les plus éclatans et les plus heureux, se confondra, dans l'avenir, avec celle des *régicides*, et marchera, de pair, à une affreuse immortalité.

*Procès-verbal de MM. les Médecins et Chirurgiens,
Commissaires du Roi pour l'exhumation du corps
de Monseigneur LE DUC D'ENGHIEN.*

Nous soussignés, Héricart de Montplaisir, docteur médecin de la faculté de Paris, et Delacroix, chirurgien honoraire de S. A. S. Mgr. le prince de Condé,

Nommés par le roi, et assistés de M. Guérin, médecin de S. A. R. Mgr. le duc de Berri et de S. A. S. Mgr. le prince de Condé, et de M. Bonnie, chirurgien de S. A. S. Mgr. le prince de Condé,

Certifions qu'étant descendus dans la fouille, nous avons constaté que le premier objet qui avait été aperçu, était un pied de botte contenant des ossemens que nous avons reconnus être ceux du pied droit, et que nous avons recueillis.

Ayant ensuite découvert daus leur tiers inférieur les os de la jambe à laquelle appartenait ce pied, leur position nous a fait présumer quelle pouvait être la situation du corps.

En continuant nos travaux, nous avons mis à découvert le coude du bras gauche, ce qui nous a fourni un indice de plus sur la direction du corps; et nous avons jugé, d'après l'élévation plus grande des pieds, que le corps et la tête devaient être plus profondément placés.

Nous avons alors fait creuser, sur l'un des côtés, dans la direction du corps, de manière à le pouvoir découvrir ensuite, au-devant de nous, partie par partie.

Nous avons d'abord procédé à la recherche de la tête, que nous avons trouvée brisée.

Parmi les fragmens, la mâchoire supérieure, entièrement séparée des os de la face, était garnie de douze dents.

La mâchoire inférieure, fracturée dans sa partie moyenne, était partagée en deux, et ne présentait plus que trois dents.

Dans la terre qui avoisinait les os du crâne, nous avons trouvé des cheveux.

Nous avons acquis la certitude que le corps était à plat sur le ventre, la tête plus basse que les pieds.

Nous avons ensuite découvert et enlevé successivement les vertèbres du cou avec une chaîne d'or, l'omoplate gauche, le bras et la main gauches;

Le reste de la colonne vertébrale, l'omoplate droite, les côtes, le bras droit et la main alongés parallèlement au corps, sous lequel, et parmi des lambeaux de vêtement, on a trouvé des pièces d'or et une bourse de maroquin;

Le bassin, dont l'os de la hanche gauche présentait, au-dessus de la cavité qui reçoit l'os de la cuisse, une fracture avec une échancrure circulaire;

Les os de la cuisse, de la jambe et du pied du côté gauche, parfaitement en rapport entre eux, mais la cuisse écartée en dehors, et la jambe fléchie en dedans sur la cuisse;

Enfin les os de la cuisse et de la jambe du côté droit.

Tous ces ossemens étaient complètement privés de parties molles, et généralement bien conservés.

A mesure que nous les avons recueillis, nous les avons présentés à MM. les commissaires du roi, et ils ont été déposés, avec les terres environnantes, dans un cercueil de plomb, qui a été soudé en notre présence.

Fait au château de Vincennes, le mercredi 20 mars 1816.

> Signé *Héricart de Montplaisir*, *Delacroix*, *Guérin*, *Bonnie*; le ministre d'Etat, préfet de police, comte *Anglès*; *Laporte-Lalanne*; le vicomte *Héricart-Ferrand de Thury*, le chevalier *de Contye*; le chevalier *Jacques*.

Le jeudi vingt-un mars mil huit cent seize, à onze heures du matin, le clergé étant arrivé, on s'est rendu à l'endroit où le corps de Mgr. le duc d'Enghien avait été provisoirement déposé la veille.

La levée du corps s'est faite avec les cérémonies d'usage; et de suite on s'est mis en marche, précédé du clergé, pour se rendre au pavillon de la porte du bois, où était dressée la chapelle de dépôt, le cercueil porté par des sous-officiers de différens corps de la garde, et accompagné des *honneurs* que portaient les anciens officiers de la maison de Mgr. le duc d'Enghien, savoir : M. le vidame de Vassé, son ancien adjudant général, la couronne ; M. le marquis de Courtemanche, son premier aide-de-camp, le collier de l'ordre du Saint-Esprit; et M. le comte de Chaillon de Jonville, aide-de-camp du prince, l'épée.

Toute la garnison était sous les armes, et rendait avec un respect religieux les honneurs militaires aux derniers restes d'un prince qui, malgré les malheurs des temps, a laissé de profonds souvenirs dans les cœurs de tous les soldats français.

Au pied du pavillon, M. le marquis de Puyvert a

fait faire halte , et , se tournant vers la troupe qui servait d'escorte , a dit :

SOLDATS,

« Cette pompe funèbre nous rappelle des souvenirs
« déchirans, mais bien chers à des cœurs français.
« Voilà tout ce qui nous reste d'un prince si brave ,
« digne rejeton d'une race féconde en héros. Ses pre-
« miers exploits nous promettaient encore un grand
« Condé. Leur éclat alarma l'insatiable ambition de
« ce tyran qui ravagea la France pour désoler l'Eu-
« rope. Il fit de sa mort le gage sanglant d'une union
« régicide, et son atroce perfidie l'immola au pied de
« cet antique donjon, où le plus illustre de ses aïeux
« fonda le berceau de notre monarchie.

« Honorons sa mémoire par des regrets éternels ,
« par un dévouement sans bornes à son auguste race ;
« et , pour lui rendre un dernier hommage digne de
« son cœur, jurons à ses mânes de vivre et de mourir,
« comme lui , fidèles à nos sermens, fidèles à nos rois
« légitimes.

« Vive le roi! Vivent à jamais les enfans de Saint-
« Louis! Gloire aux Condés! »

Ce discours , prononcé avec le sentiment qui l'avait inspiré , a excité le plus vif enthousiasme ; les soldats versaient des larmes, et , l'impression produite par le discours de M. le gouverneur sur ceux qui avaient été à portée de l'entendre , s'étant communiquée de proche en proche aux plus éloignés , toutes les cours du château ont retenti des cris de *vive le roi!* C'est ainsi que , toutes les fois que l'occasion s'en est présentée , on a pu reconnaître le bon esprit de la garnison de Vincennes, et les sentimens de loyauté et de dévoue-ment à son roi dont elle est animée.

Personnages illustres qui figurent dans les premiers plans de la Gravure tirée du Tableau de M. ROEHN, représentant LOUIS XVI recevant S. A. S. Mgr. le Duc d'ENGHIEN au séjour des bienheureux.

1. *Louis XVI*, né à Versailles, le 23 août 1754 ; nommé d'abord duc de Berri, puis Dauphin, le 20 décembre 1765 ; marié le 16 mai 1770 ; *roi de France et de Navarre*, le 10 mai 1774 ; sacré et couronné à Rheims, le 11 juin 1775 ; mort à Paris, le 21 janvier 1793, âgé de 38 ans cinq mois moins deux jours.

2. *Marie - Antoinette - Josephe - Jeanne de Lorraine*, archiduchesse d'Autriche, née à Vienne, le 2 novembre 1755, *reine de France et de Navarre ;* morte à Paris, le 16 octobre 1793, âgée de 37 ans 11 mois et demi.

3. *Louis XVII*, né à Versailles, le 27 mars 1785 ; nommé d'abord Louis-Charles de France, duc de Normandie ; puis Dauphin en juin 1789 ; *roi de France et de Navarre*, le 21 janvier 1793 ; mort à Paris, dans la tour du Temple, le 9 juin 1795, âgé de 10 ans 2 mois 13 jours.

4. *Elisabeth-Philippine-Marie-Hélène de France*, sœur du roi Louis XVI, née à Versailles, le 3 mai 1764; morte à Paris, le 10 mai 1794, âgée de 30 ans 7 jours (20 ans, jour pour jour, après la mort de Louis XV, son ayeul).

5. *Louis-Antoine-Henry de Bourbon-Condé, duc d'Enghien*, né à Chantilly, le 2 août 1772 ; mort à Vincennes, le 21 mars 1804, âgé de 31 ans 7 mois 19 jours.

6. *Marie-Thérèse-Louise de Savoie-Carignan*, née le 8 septembre 1749; *mariée*, le 17 janvier 1767, *à Louis-Alexandre-Joseph Stanislas de Bourbon, prince de Lamballe;* veuve le 6 mai 1768; morte à Paris, le 3 septembre 1792, âgée de 42 ans 11 mois 26 jours.

7. *M. de Lamoignon de Malesherbes*, né à Paris, le 16 décembre 1721 ; mort le 22 avril 1794.

8. *Louis-Hercule-Timoléon, duc de Cossé-Brissac*, chevalier des ordres du roi, lieutenant général de ses armées, gouverneur de Paris, commandant les Cent-Suisses de la garde, et enfin commandant général de la garde constitutionnelle de S. M.; massacré à Versailles, le 9 septembre 1792.

9. *M. le maréchal de Mouchy*, mort le 27 juin 1794.

10. *Madame de Laval-Montmorency*, abbesse de Montmartre, morte le 24 juillet 1794.

11. *Pierre - Louis de la Rochefoucauld-Bayers*, né dans le diocèse de Périgueux, le 13 octobre 1744 ; sacré *évêque de Saintes*, le 6 janvier 1782 ; mort à Paris, dans le couvent des Carmes de la rue de Vaugirard, le 2 septembre 1792, âgé de 49 ans.

12. *François-Joseph de la Rochefoucauld*, né à Angoulême, en 1735 ; sacré *évêque de Beauvais*, le 22 juin 1772 ; mort le même jour et au même endroit, âgé de 57 ans.

13. *Durozoy*, auteur de la *Gazette de Paris*, né à Paris, en 1747 ; mort à Paris, le 25 août 1792, jour de la Saint-Louis.

14. *M. Cazotte*, d'abord sauvé des massacres de l'Abbaye, mort le 25 septembre 1793.

15. *M. Delaporte*, intendant de la liste civile, mort à Paris, le 24 août 1792.

16. *Rochejaquelein d'Aubigné* (le comte de la), né à Saint-Aubin, près Châtillon : après la bataille de Chollet il devint général en chef de l'armée royale, et fut tué en mars 1794.

17. *M. de Chabot.*

18. *L'abbé de Chapt de Rastignac*, vicaire-général d'Arles , député aux états-généraux , d'une ancienne et illustre maison du Périgord, docteur de Sorbonne, auteur de divers écrits remarquables, contre la loi du divorce, et les innovations introduites dans l'élection des métropoles ecclésiastiques ; mort à la prison de l'Abbaye , à Paris , en septembre 1792.

19. *M. Thierry de Ville-d'Avray* , chevalier de Saint-Louis , premier valet de chambre du roi; mort à la prison de l'Abbaye , en septembre 1792.

20. *M. La Borde* , fermier général , mort le 28 juillet 1794.

21. *M. Papillon de la-Ferté* , intendant des menus plaisirs , mort le 7 juillet 1794.

22. *M. Bertier* , maître des requêtes , intendant de la généralité de Paris , mort en juillet 1789.

23. *M. Foulon* , maître des requêtes , mort en juillet 1789.

24. *M. Delaunay* , gouverneur de la Bastille , tué après la prise de ce château , le 14 juillet 1789.

25. Les jeunes demoiselles de Verdun.

26. *François-Louis Hébert* , général de la congrégation des Eudistes, confesseur du

roi ; mort aux Carmes, le 2 septembre 1792.

27. *M. de Zimmermann*, major des Suisses.

28. {
M. Bourbonne (*André-Dominique*), âgé de 52 ans, lieutenant colonel de maréchaussée, mort le 15 juillet 1794.

Madame Bourbonne, son épouse.

M. Bourbonne, leur fils (tous trois parens du peintre).

29. *M. Chamilly* (*l'Ormier de*), premier valet de chambre de Louis XVI, mort le 27 juin 1794.

30. *M. de Nicolay* (*Aimard-Charles-Marie*), premier président de la chambre des comptes, mort le 7 juillet 1794.

31. *M. Loiserolles*, père, qui, pour sauver la vie à son fils, s'est substitué à lui au tribunal, et a subi la mort, le 26 juillet 1794.

32. *M. Lavoisier*, membre de l'académie des sciences, fermier général, mort le 9 mai 1794.

33. *M. de Varicourt*, garde du corps, mort à Versailles, le 6 octobre 1789.

FIN.

De l'Imprimerie d'A. CLO, rue St.-Jacques, n°. 38.

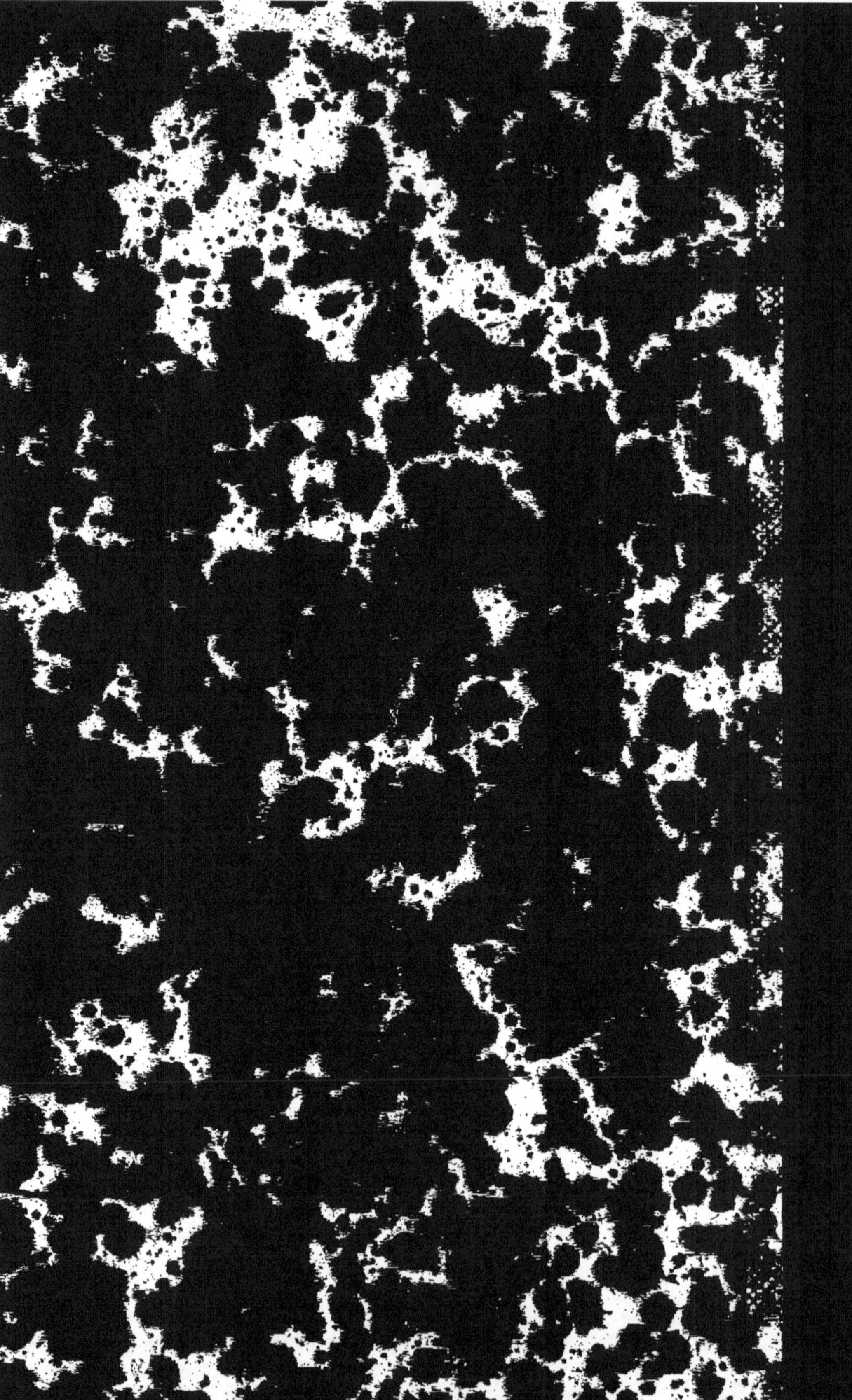